AF282916

Canto a la vida 5.0

Gaspar Pugliese Villafañe

Canto a la vida 5.0

Primera edición: 2025

ISBN: 9791387524340
ISBN eBook: 9791387524784

© del texto:
Gaspar Pugliese Villafañe

© del diseño de esta edición:
Caligrama, 2025
www.caligramaeditorial.com
info@caligramaeditorial.com

Impreso en España – Printed in Spain

Quedan prohibidos, dentro de los límites establecidos en la ley y bajo los apercibimientos legalmente previstos, la reproducción total o parcial de esta obra por cualquier medio o procedimiento, ya sea electrónico o mecánico, el tratamiento informático, el alquiler o cualquier otra forma de cesión de la obra sin la autorización previa y por escrito de los titulares del *copyright*. Diríjase a info@caligramaeditorial.com si necesita fotocopiar o escanear algún fragmento de esta obra.

A Ramón, mi padre,
Hilda, mi madre,
Vilma, mi esposa,
y Ana Milena, mi hija.

LA ROSA AMARILLA

La rosa
amarilla que
ha de conquistar el
mundo viene de tiempos
inmemoriales; los tiempos en
que el corazón del hombre se dio
cuenta de que para disfrutar a sus anchas
del gorjeo naranja que la aurora le regala
el único camino son las claras y apacibles
aguas de un alma sana. Desde entonces ha
resistido los embates del odio y sus efectos
inhumanos, desde entonces ha mantenido
su aura triunfal y acogedora; y todo el que
la cultiva en su corazón supera a fuerza
de lucha y sudor tormentas y pantanos,
todo el que la cultiva en su corazón
disfruta a plenitud las mieles que
le brindan con su canto,
los atardeceres
en la playa y los amaneceres en el campo.

SABOREA EL CAMINO

Sentado
en esta roca
en la playa, mi
amigo el mar con su
natural parsimonia se
acerca y muy despacito me
dice al oído: «Aprovecha el tiempo
en cosas que le den bienestar a tu vida
y a la vida de los demás. Aunque a veces
escabroso el viaje por la vida es maravilloso;
cuida la rosa amarilla que retoza en tu alma,
ella endulzará cada paso en tu senda y te
mostrará dónde encontrar la melodía que
susurran los alelíes cuando la noche
venga; no te canses de luchar hasta
ver sonreír tus sueños, no olvides
que tú eres el inventor de tu
destino; disfruta al
máximo tu
tiempo, saborea intensamente el camino».

NO DESISTAS

«No
desistas,
toma aire, seca
tu sudor y mira hacia
delante; las espinas que
hoy en el camino sangran tus
pies no importan, porque mañana
tus manos estarán llenas con las caricias
de la brisa, la brisa suave y fresca de la libertad
de tu sonrisa». Así me decían los ojos brillantes
de las libélulas de mi pueblo, al verme luchando
contra la maleza en el campo y el sol canicular
sobre mi piel azotando mi cuerpo. Fueron
duros y desafiantes los primeros versos
de mi balada; pero mi guitarra sabía
que llegarían mejores vientos para
las velas de mi barca; sabía
que los sueños siempre
florecen cuando se
lucha aferrado
a la dulce
y modulada cadencia de la rosa blanca.

AQUELLA TARDE

Aquella
tarde de abril,
mientras viajábamos
hacia Barranquilla hablamos
por primera vez: supe que te gustan
los paseos a la orilla del mar, que disfrutas
intensamente las placenteras notas de los
acordeones que alegran en tu pueblo eufóricas
noches de parranda. Ese día vi tus ojos de cerca,
tus ojos radiantes como un par de luceros en el
azul de un cielo desafiante; fueron tus ojos los
que embriagaron de vida a los indomables
bríos de mi gaita, mi gaita que desde ese
día perdió los estribos de la calma, y
solo encuentra sosiego en el brillo
alucinante de tus miradas;
miradas donde descubrieron
el más cálido y tierno
refugio los
duros y escabrosos silencios de mi alma.

ESTA CIUDAD

Esta
ciudad donde
vivo me tiene a veces
con rabia y otras enamorado:
me fastidia ver que en el parque
algunos no recogen el popó de sus
bellas mascotas; me enamora ver a la
gente alegre haciendo deporte y regalando
saludos de besos y abrazos; me molesta ver a
personas tirando basura en la calle, pero me
agrada ver a parejas tomadas de la mano
yendo sonrientes para el trabajo; me place
que la luna coloree las noches con su
canto, disfrutar sus tardes llenas de
brisa y los robles amarillos repletos
de pájaros; me fascina que las
rojas trinitarias en la calle me
sonrían cuando paso;
y que mis amigos
me saluden con un despampanante abrazo.

NO DEJES

No dejes
que marchiten
los lindos cascabeles
de tu risa; tu risa donde ríen
plácidos los versos con los que
has construido en tu canción luceros
con sabor a guácimos. En tu camino vas
a encontrar personas que mediante injurias
y artimañas intentarán destruir el gajo de
luciérnagas que musitan felices en tu alma.
Son los que jamás han luchado para saborear
los frutos de un sueño, son almas enfermas.
No dejes que se roben tu alegría, no caigas
en esa trampa, sigue perfumando los días
con tu rosa blanca y dando tu mano al
que la necesite a lo largo de tu
senda; no te enojes porque
«solo a los
árboles que dan frutos les tiran piedras».

LOS FUSILADORES

DE INFANCIAS

Con el
alma perdida
en los agujeros negros
del odio, los fusiladores de
infancias se ensañan contra los
niños, los reclutan mediante engaños
envueltos en papeles de armiño, y les
enseñan cómo morir en cualquier guerra:
les incineran sin piedad la dalia que crece
limpia en su alma, para convertirlos en
máquinas de asesinar con sevicia y rabia.
Los fusiladores de infancias se consumen
cada día bajo las llamas de su propio
infierno, porque la maldición de la
rosa marchita los arropa con
su llanto; por eso sus
vidas terminan
siempre sin
familia, sin amigos y sin un camposanto.

TU TRABAJO

Que tu
trabajo no se
oponga a los deseos
azules de tu saxo; y si se
opone, buscarás cómo mejorar
tus competencias y el momento de
superarlo. Que tu trabajo no se oponga
al gorjeo que por las madrugadas te
regalan las camelias blancas. Tu trabajo
tiene que ser el mar donde tu barca
navegue guiada por las luces de
tus sueños; tu trabajo tiene
que regalarte cada vez
que despiertes alegría;
alegría de estar
vivo y
disfrutando de este fandango todos los días.

ABRE TUS ALAS

Me dices
que desde que
murió tu compañera
has perdido las ganas de
vivir; que te da lo mismo estar
dormido o estar despierto, que ya
no te interesa si el cambio climático
hace añicos la Tierra; ni siquiera te importa
abandonar tu trabajo. Que tan poco te amas;
sufre ese adiós hasta donde no sacrifiques
los recios remos de la salud de tu barca,
porque el mejor homenaje que puedes
hacerle a quien amas es continuar la
dura lucha por tus sueños. Así que
levántate, abre tus alas y a seguir
trabajando por el tenue rumor
de las bromelias rosadas;
a seguir luchando
por las más lindas melodías para tu balada.

JUNTOS Y ENAMORADOS

Amor,
cuánto tiempo
ha pasado desde
aquella tarde que vi tus ojos
por primera vez; recuerdo aquel
primer beso temblando de ansias, el
día que decidimos convertir nuestros
ríos en un solo verso, las luchas que
afrontamos tratando de salir adelante en
en el diario trajinar de nuestro trabajo, las
veces que por falta de dinero se apretaron
a reventar nuestras tarjetas de crédito,
tantas peripecias y tantos reveses
superados, y aquí seguimos riéndonos
de las cosas que nos han pasado;
deseando vivir muchos
años
más para seguir juntos y enamorados.

EL EDÉN SOÑADO

Los
campesinos
ponen en la mesa
nuestros alimentos de
cada día, los industriales
y obreros fabrican ropa y todos
los electrodomésticos necesarios
para el bienestar personal; los
emprendedores descubren internet y todo
un mundo virtual, los científicos elaboran
vacunas y medicinas para proteger la salud;
los profesores nos enseñan a pensar y nos
trasmiten conocimientos, los artistas nos
deleitan con la belleza de sus creaciones,
los deportistas nos emocionan con sus
grandes marcas; y si todos aportamos
nuestro granito de amor, claro
que podemos construir el
edén soñado, un
mundo sin violencia, un mundo mejor.

CORAZÓN MÍO

Corazón
mío, mi cajita
de silencios, silencios
donde revolotean como
pájaros enjaulados mis versos;
tú que desde el vientre de mi madre
te empezaste a mover al compás de estíos
cadenciosos y apabullantes inviernos, te pido
que no dejes de palpitar ni un segundo, que no
pares de soñar con auroras boreales
conquistando
al mundo. Corazón mío, corazón enamorado
del
rumor de la brisa y la sutil melodía de las olas en
la tarde, tú que sabes cuánto duele la partida de
un ser querido, tú que sabes cuánto duele
la traición de un amigo; solo te pido que
me acompañes hasta culminar la
última nota de mi destino,
solo te pido que me
acompañes
fiel hasta el último peldaño de mi camino.

SE VISTIÓ DE HÉROE

Lo vieron
sudado, cargando
ladrillos y arena en la
construcción de muchos
edificios en la ciudad; llegaba muy
temprano, saludaba a sus compañeros,
pero era de poco hablar. Jamás se quejó
de lo duro y pesado de su trabajo, sus
manos se llenaron de callos y sus brazos
de músculos fuertes como los músculos de
luchadores romanos. Solo sus hermanas
y su madre sabían que era una mujer
disfrazada de varón; el tirano les
prohibió estudiar y trabajar; a
ella le tocó vestirse de
héroe a riesgo
de que el
despiadado régimen la mandara a asesinar.

NO TE QUEJES

Amigo,
no te quejes,
deja de estar echándoles
la culpa a los demás; haz un
pare en el camino para reflexionar,
te has dedicado a engañarte calculando
siempre cuánto te queda de utilidad; para
ti tus semejantes son simples mercancías
que puedes vender o comprar; ¿de qué te ha
servido acumular dinero atropellando a los
demás? Has desperdiciado tu tiempo, te
has olvidado de vivir paso a paso la
sutil cadencia que gorjean los lirios
al despertar; te dedicaste con
tu torpeza a construir
cada día y poco
a poco los afilados grilletes de tu soledad.

¿CUÁL ES TU MISIÓN?

Mi misión
en el mundo es
ser feliz y colaborar
con la felicidad de los demás.
¿Y qué te hace feliz?... Me hace
feliz trabajar duro cada día por mis
sueños, y si caigo, volverme a levantar.
Me hace feliz el canto de una mirla, el
triunfo de un amigo, la sonrisa de un
niño, sentir que estoy vivo, saber que
cada día hay menos pobres en el
mundo y los besos dulces que
mi hija me da; saber que
cada día más personas
viven pedaleando
hacia las
plácidas y tibias playas de la fraternidad.

EL PRIMER AMOR

Teníamos
quince años, y
todas las mañanas
la veía salir de su casa
para el colegio con su uniforme
blanco y amarillo, se veía radiante,
yo enmudecía, pero me deleitaba viendo
sus mejillas, sus labios, sus ojos, ¡sus ojos
irradiaban felicidad! Me ponían nervioso sus
ojos y cuando me miraba, yo me hacía el
loco revisando mis libros. Pero un día me
atreví a resistir la ráfaga de sus miradas,
la saludé moviendo mi mano y ella hizo
lo mismo, así empezó nuestra bella
amistad; hasta el día en que de
tanto mirarnos a los ojos y
conversar en el camino
nos atrevimos con
el corazón
a mil a darnos aquel beso tan divino.

¿SERÁ QUE SÍ?

¿Será
que sí? No
lo sabemos, pero
mientras no se descubra
que existe otro planeta con vida,
seguirá siendo la Tierra nuestro hogar
de las mil maravillas. Sin embargo, podemos
llevarnos una agradable sorpresa el día que se
sepa que existe otro mundo, porque seremos
vistos como simios que nos debatimos aun
entre los fríos médanos de la barbarie y
la violencia irracional, porque no hemos
superado la esclavitud de la pobreza,
las tristes guerras ni el egoísmo global;
y mientras no superemos estos
infiernos por completo, de
nada nos sirve
seguir siendo el famoso centro del universo.

INFUSIÓN DE AMOR

Enciendo
el televisor y
empiezan a rodar las
noticias: un ladrón asesina
a una mujer de la tercera edad
para robarle un celular, joven furioso
asesina a su madre con un ladrillo porque
no le dio dinero para irse a drogar; hombre
descuartiza a su pareja porque intentó escapar
de sus maltratos, grupo terrorista coloca bomba
en un aeropuerto y hace trizas a treinta y dos
turistas; estudiante ingresa a su universidad
y asesina a quince compañeros. Miro hacia
la pared y el toche del cuadro me dice:
«No te asombres, está muy enferma la
sociedad, necesita con urgencia
una infusión que le devuelva
la alegría de la vida,
necesita
con urgencia una infusión de rosa amarilla».

¿QUÉ SOMOS?

Somos
un ramillete
de sueños, sueños
de colores que revolotean
descalzos con cada sutil latido
de nuestra alma; latidos en busca del
susurro apacible de camelias y dalias. Y
detrás de la bella sonrisa de cada sueño
cuánto sudor, cuántos tropiezos y vueltas a
empezar, porque cuando los sueños están
tejidos con el murmullo de rosa fresca, te
llenan el paisaje con cantos de arreboles
y auroras que danzan. Eso somos, un
ramillete de sueños que quieren dar
fe de que la felicidad existe, de
que la felicidad no es un
invento, porque
quien no
tiene sueños simplemente está muerto.

LA SENDA NO ES FÁCIL

Nadie
ha dicho
que la senda
sea fácil, pero justo
ahí está lo interesante de
navegar a mar abierto buscando
saborear el néctar de la poesía que
cantan los girasoles en medio de tardes
mansas; son las espinas del sendero las
que maduran la cadencia de tu flauta, las
que te dan la experiencia para separar con
maestría el trigo de la cizaña, y luego con
acrisolada paciencia reconocer que, con
todos sus avatares y contratiempos, el
viaje resulta de un placer inmenso;
que todas tus peripecias fueron
del mejor sentido; que tus
sacrificios hicieron más
ricas y deliciosas las
toneladas
de sonrisas que cosechaste en el camino.

ESE SUEÑO AZUL

Ese
sueño azul
que forcejea entre
el follaje de mis silencios
me dice en cada amanecer que
quiere ver al mundo como un solo
barco, remando alegre por alcanzar las
uvas que cuelgan deliciosas de las ramas
de la tarde. Quiere ver al hombre cultivando
en su corazón semillas de rosa blanca. Ese
sueño azul que canta aquí en mi pecho ebrio
de fe y esperanza quiere ver las libélulas de
la solidaridad cantando extasiadas sobre el
horizonte de todos mis semejantes, ese
sueño azul quiere ver al mundo llegar
tranquilo al puerto de los gladiolos
contentos; igual que hacen los
ríos que después de muchos
altibajos el mar
alegre los espera con los brazos abiertos.

MI AMIGO EL MAR

Me gusta
conversar con
el mar, me gusta
su forma pausada de
hablar y la seguridad con
que afirma las cosas que dice.
Cuando lo visito de mañana lo veo
alegre, contento, sus olas retozan, se
tiran coquetas sobre la arena y luego se
van con una sonrisa brillando en sus ojos.
Por las tardes, se vuelve pensativo y
serio mi amigo el mar, parece que no
quisiera hablar; pero lo saludo y
deja su apacible solemnidad;
entonces una sola palabra
suya me basta para
que mi
alma sonría con una azul tranquilidad.

EL PERDÓN

Cuando
se entregan
las armas y se
firma un acuerdo de
paz, es para abandonar
la violencia y empezar a usar
la fuerza de la verdad, la fuerza
de la rosa blanca, la fuerza que une
ideas y corazones en una sola ola de
rozagante fraternidad. Cuando se pide
perdón a un pueblo es para desagraviar
a las víctimas, dejarlas de flagelar, sanar
el alma de odios y abandonar cualquier
idea de maldad; es para consolidar
las fuerzas de la solidaridad y
luchar a pie juntillas
por el
bienestar, la democracia y la libertad.

NO TE DESANIMES

«No te
desanimes,
sigue adelante
—me dijo mi amigo
el mar—: los buenos son
muchos más; sigue haciendo lo
tuyo, lucha por tus sueños, levántate
cada día con ganas de triunfar, no importa
cuántas veces tengas que volverte a
levantar, siembra semillas de rosa en
medio de la tempestad, ayuda a todos
los que puedas ayudar, valora a tu
familia, la amistad; porque si
cada quien pone su granito
de amor, no está muy
lejos la
construcción del gran paraíso terrenal».

EL MEDITERRÁNEO

Cuentan
marineros que
el mar Mediterráneo,
por las tardes cuando la
brisa susurra su canto de la
nostalgia y el horizonte se viste
con murmullos de arreboles, lo han
visto gemir de dolores, llora porque sus
aguas están llenas de cadáveres, en sus
aguas hay un cementerio de sueños, sueños
que murieron huyendo del hambre y de las
bombas; lo único que buscaban era una
tierra fértil donde sembrar semillas de
prosperidad, una tierra fértil donde
sus hijos pudieran comer tres
veces al día, estudiar y
derrotar la
miseria que los persigue con alevosía.

ESO ME CONTÓ JUAN

«Por
no saber
controlar mis
impulsos, cometí
un delito que hoy me
tiene sufriendo tras las rejas.
El día que escuché mi sentencia
fue como si se hubiera astillado la
Tierra. Y a pesar de que he tratado de
llenar con lecturas este eterno vacío de
mi existencia, no puedo evitar la tortura
de ver pasar el tiempo metido en medio
de estas rejas; la tortura de recordar mis
caminatas en el parque, mis compañeros
de trabajo, las reuniones con mi familia,
mis amigos. Jamás imaginé cuánto
vale vivir en libertad». Eso me
contó Juan la tarde
que fui
a visitarlo a la cárcel de esta ciudad.

MI ALMA

Nació
el día en
que yo nací,
mis padres le dieron
su primer alimento, luego
su desarrollo corrió por cuenta
de las experiencias con mis amigos,
profesores, libros y toda la sociedad.
Hoy somos ella y yo los que vamos en la
marcha, agarrados de la mano como dos
enamorados, construyendo a fuerza de
alegrías y desencantos la cadencia del
río que camina frente en alto en busca
de la mejor melodía para mi canto. Y
compartimos anhelos y silencios,
tenemos la misma sed que sacian
los inviernos, compartimos
el mismo sueño de sentir
los timbales del
tiempo
amenizando cada rincón de nuestros versos.

EL GUACABÓ

De niño
en mi pueblo,
nunca pude evitar la
desgarradora tristeza que
me causaba escuchar el canto
lacerante del guacabó; ese pájaro
gris que todas las tardes cuando el sol
se está despidiendo y la noche anuncia su
presencia, ese pájaro se acomoda en el ocaso
para llorar a lágrima suelta su luctuoso canto.
Sé que canta para que lo escuche el universo;
pregunta en su lamento: «¿Cuándo va a dejar
el hombre de vivir en guerra, cuándo va a
entender que al mundo vinimos a hacer
una gran fiesta?, la fiesta de la paz a
puertas abiertas, al mundo vinimos
a disfrutar la poesía que
cantan los tulipanes, cuando
las golondrinas
juegan felices con la brisa de la tarde.

NO PUEDE SER

Ese
día que
las pruebas
de laboratorio
dijeron positivo para
la covid diecinueve, sentí
que el universo todo se desplomó
encima de mis huesos. Revisó mi flauta
letra por letra el sendero recorrido y me
dije: «No puede ser, no he terminado aún
de confeccionar todas las partituras de
mi zamba, aún me falta realizar muchos
sueños y ver caer los frutos podridos
que dañan la melodía de las acacias,
sembrar en la mirada de la gente
la dorada semilla de esta rosa
blanca, rosa que necesita
gritarle al mundo
todos los
silencios que forcejean aquí en mi alma.

EL RECICLADOR

Con
frecuencia
él pasa con su
carretilla llena de latas,
cartones, plásticos, risas y
canciones que canta en las calles
por donde pasa; es el reciclador de cosas
en desecho, está siempre de fiesta. Lo saludo,
le pregunto y me responde: «Este oficio me da
la comida de mi familia, amo mi trabajo, tengo
sueños y de a poquito voy llevando mi carreta
hacia puertos más tranquilos y más bonitos».
Sin embargo, tengo amigos que detrás de
un computador tienen silla ergonómica
y buen sueldo; pero ríen a la fuerza,
se quejan de los altos precios,
reniegan del gobierno y siempre
les falta algo que comprar;
siempre les falta
un centavito
para darse un abrazo con la felicidad.

LOS COLORES DE MI ALMA

Hola,
mar, mar
Caribe, ¿cómo
hago para conocer
los colores de mi alma?
Y me dijo: «Si quieres conocer
los colores de las olas que pueblan
tu alma, basta con recorrer el gran
poema que has construido hasta hoy;
porque en la cadencia de cada una de
sus notas, en cada actuación frente
a tu familia, frente a la naturaleza
y a tus semejantes, quedan
reflejados los colores de
la fraternidad, o los
colores del
egoísmo con los que has pintado tu alma».

AQUEL MANGO

Tomé
la semilla,
la acaricié y la
sembré en el patio
de mi casa en el pueblo; la
regaba todos los días, lo vi nacer
tierno y crecer en medio de nísperos
y guayabas. Disfrutaba cada vez que le
aparecían nuevas hojas, nuevas ramas, y
aquel árbol se hizo grande y frondoso. El día
que le nacieron flores, me quedé como alelado,
fue como verlo sonreír en medio de los cristales
de la mañana; cuando aparecieron los primeros
pomos verdes, corrí emocionado a abrazarlo.
Esperé a que maduraran aquellos racimos
colgantes como luceros brillantes, y al
saborear la dulzura de la pulpa de
aquellos mangos, fue como
sentir las delicias de ver
sonreír un sueño
en medio de los tambores del fandango.

EL CICLO VITAL

Ver las
nubes cómo
se alejan, tomadas
de la mano y perderse en
el horizonte como si partieran
para un largo viaje y no regresar
jamás. Así también se está yendo la
familia: murieron los bisabuelos, cuando
yo era un niño y no comprendí por qué se
fueron; murieron los abuelos y vi entonces
que la familia se estaba haciendo cada vez
más pequeña; murieron unos tíos y luego
se marchó muy callada mi madre; entendí
entonces que se trataba de un ciclo vital
en el que algún día me llegaría también
el turno de viajar como las nubes de
aquella tarde. Aquello me hizo amar
la vida cada día más, entendí que
los demás son mis hermanos,
y que la rosa que llevamos
en el pecho nos hace
cada día
más felices, cada vez más humanos.

LA PALABRA SAGRADA

Aún
existen
en el jardín
frutas podridas
que quieren dañar toda
la cosecha de la huerta, son
ogros que se oponen al bienestar de
los pueblos, los que truncan la apacible
cadencia de la grata convivencia, los
psicópatas del poder; poder a costa de
torturas, asesinatos y guerras; a costa de
asesinar sueños que buscan germinar en
medio de barrancos y piedras. Son los
que se oponen a todo el que pretenda
plantar un lirio en medio de la gran
orquesta, los que se oponen a
todo el que ose gritar en la
calle la palabra sagrada,
la palabra que
aterra a los tiranos, la palabra «libertad».

PERDÓN

Perdón,
perdón les pido
a todas las aves
del mundo; en mi vida
de niño fui un empedernido
cazador de canarios, azulejos,
toches y cuanto pájaro cantor llegaba
por mi pueblo. Era mi mayor felicidad tener
en mi mano un pájaro repartiendo notas sin
tregua ni calma, notas que recorrían palmo
a palmo mi piel y ponían a vibrar una a una
las olas de mi alma; fueron los momentos
de mayor éxtasis en mi niñez. Pero con
el tiempo entendí que ellos en su canto
pedían libertad, querían vivir libres,
se sentían solos, querían volar
y jugar, igual que muchos
semejantes que hoy
luchan en la
calle contra el suplicio de la mano dictatorial.

LA PALABRA

Quiero
festejar esas
luces de colores que
irradia la palabra: luz para
el caminante a la deriva, luz
para romper las cadenas de la
ignorancia. Quiero celebrar la magia
y el poder de la palabra: magia para revivir
espíritus muertos, la palabra es vida y pan
para el alma y el cuerpo, es agua para gritar
silencios, silencios que solo pueden sanar
con la palabra «amor» sonreída en una rosa
blanca. Yo vivo enamorado de la palabra
«libertad», de la palabra «sueño», y lucho
cada día para verlos florecer en
cada nota de mis versos, yo
vivo recogiendo el trigo
que florece en
lontananza
con la lluvia diaria de la palabra «esperanza».

EL CARNICERO

Cuando
las gaviotas
jugaban embelesadas
con la brisa de la tarde y las
golondrinas pensaron que el verano
era eterno, y nosotros creíamos que las
guerras eran cosas de un pasado siniestro,
apareció en medio de aquel lindo paisaje un
falso líder con apetitos imperiales, un carnicero
enfermo de poder y sediento del territorio y la
sangre de un pueblo hermano. Con bombas y
misiles convirtió en escombros las sonrisas
de los niños, los sueños de los jóvenes y la
paz de los ancianos; con bombas y misiles
convirtió en cenizas edificios donde
dormían seres que deseaban con los
primeros rayos del sol, salir como
antes lo hacían, en busca
del sutil gorjeo que
musitan las
dalias en mañanas brillantes de poesía.

ESE TROVADOR

Ese
trovador
ambulante que
va de pueblo en pueblo
con su acordeón en los brazos,
alegrando corazones y animando
parrandas de barrio en barrio, lleva en
lo más recóndito de su pecho una herida,
una herida que aún sangra cuando a su
memoria llega la fragancia de esa orquídea
que cantaba feliz entre las ramas de su alma.
Ese trovador en su recorrido va haciendo
amigos y amigas, y con una copa en su
mano brinda siempre con entusiasmo
por la vida; mientras su corazón se
repone poco a poco del golpe
que lo tiene entristecido;
mientras su corazón poco
a poco se levanta y
va pensando en la construcción de otro nido.

HOLA, FELICIDAD

Hola,
felicidad,
gracias por ser
siempre mi amiga;
desde mi infancia anduviste
conmigo de la mano mientras jugaba
en las calles del pueblo con mis amigos;
en mi juventud estuviste a mi lado para
ayudarme a batallar por los sueños de un
soñador empedernido, para resistir con lágrimas
por dentro las carencias de comida y de vestidos,
para nunca claudicar en la marcha. Otras veces
sentía tus brazos que me ayudaban al verme
jadeante tratando de salir adelante frente
a las zarzas del recorrido; sé que también
sufrías cuando caía y te alegrabas al
ver que me volvía a levantar. Gracias
mil por enseñarle a mi saxo que tu
luz siempre perfuma el sendero,
cuando se lucha
llevando una flor encendida en el pebetero.

CELEBRA LA VIDA

El sol
como casi
siempre se asoma
por tu ventana con una
sonrisa de oreja a oreja; te
invita a iniciar con bríos la fiesta
diaria de tus faenas, a seguir elaborando
con paciencia cada pétalo del sueño que
corre por tus venas. La brisa grita, corre
alegre por las calles y se entrega apasionada
en brazos de las ceibas morenas. La rosa
amarilla te pide que regales una sonrisa a
todos desde cualquier orilla; los azulejos
y los ruiseñores aromatizan de música
la mañana y tú has salido de tu casa
con el alma henchida de ganas,
haces parte de la gran orquesta;
usa tu flauta y ponle tu sutil
cadencia a cada verso
con los
que alimentas la canción de tu existencia.

NUNCA ES TARDE

Muy
enamorada
uniste tu vida a la
de tu pareja para formar
un bello hogar; aquella barca
navegaba con el viento a favor y
buena mar; luego llegó un hijo y fue
como si después de la lluvia hubiera
llegado el arco iris a pintar de sonrisas
las escalinatas de tu pedestal. Pero lo que
tan bien fluía un día comenzó a cojear,
trataste de reparar las averías, pero la
barca seguía filtrando agua y perdió
la alegría de navegar; se perdió la
suave melodía de las gaviotas al
danzar, y cuando eso ocurre, es
mejor para los tres terminar,
porque nunca es tarde
para abrir
las alas y con nuevos bríos volver a soñar.

NUEVO AÑO

Comienza
un nuevo año,
es como recuperar
fuerzas para continuar,
para volver a empezar. Es el
momento para hacer un balance
y reconocer errores y aciertos, para
pedir perdón y perdonar; es momento
para reflexionar sobre lo bello que es
tener amigos y amigas, disfrutar con la
familia, cuidar la rosa amarilla que en
el alma no deja de cantar, y seguir
el recorrido regalando una sonrisa
en cada despertar, persistir
en la lucha con más
ganas por
los sueños que aún faltan por cosechar.

CAMPANAS DE LA IGLESIA

Campanas
de la iglesia
de mi barrio dejen
ya de llorar, cada uno
de sus campanazos resuenan
por el horizonte para reafirmarnos
que una vida se acaba de marchar,
que la sutil cadencia de un poema llegó
a su final. Campanas de la iglesia, gracias
por recordarme que mi vida también un
día terminará, gracias por repetirme que
mi existencia no la puedo malgastar en
cosas de odio, egoísmo ni vanidad;
que yo vine a este mundo a ser
feliz y a cultivar pompones
en la senda
para la felicidad de todos los demás.

EL LUSTRADOR

Esperaba
a mi hija en el
aeropuerto, se me
acerca un lustrador de
calzado y mirando los míos
me dice: «Señor, se los dejo como
nuevos». Con la cabeza le dije que
sí. Comenzó todo un ritual del betún,
tomate, silbidos y sobos con una tira
de tela sobre mis zapatos, estaba
contento. Al poco rato se levantó
y me dijo: «Mírelos, le dije que
le quedarían nuevos, nadie
en este aeropuerto los
deja más lustrosos».
Estaba orgulloso
de su
trabajo, se le notaba el júbilo en sus ojos.

SOÑAR CAMINOS

Te
levantas
de la cama y
la mañana para ti
llega vestida de la misma
oscuridad, siempre la misma
escabrosidad en el horizonte y el
mismo deseo de vomitar por aquel
horrible olor a frustración que tiene el
aire de tu ciudad. Miras en tu rededor y la
aridez del paisaje te grita desolación, los
malos caminos te tocan el hombro, pero tú
no te dejas tentar; miras a tu compañera
que no conoce la palabra «claudicar», miras
a tus hijos que te sonríen una vez más;
no olvides la magia de tu guitarra con
la que puedes soñar, soñar caminos
que aunque llenos de piedras te
llevan a los brazos del mar; al
mar donde la rosa roja que
canta en tu pecho
te muestra el río de poesía que baja del pinar.

¿PARA QUÉ LA ROSA?

¿Para
qué el amor?
para liberar el alma y
ponerla a volar, para que no
enferme de egoísmo, venganza
ni maldad, para que no enferme de
odio, de envidia ni vanidad; para que
sientas en tu piel la frescura de la lluvia,
la lluvia de satisfacciones que en tu senda
vas a saborear. Para que despiertes cada
día dispuesto para triunfar, para que no
dejes de regalar sonrisas a los demás,
para que disfrutes tu trabajo y tus
sueños puedan fructificar; para
que los versos de tu
canción
griten y se abracen alegres con la felicidad.

TU PERDÓN

Me
diste de ti
ese torrente de
amor que tiene tu corazón,
me entregaste en cada beso la
esencia de ese palpitar armonioso
que recorre el corazón del universo;
a cambio, mi pecho enfermo de estúpida
arrogancia no se daba cuenta de las frescas
melodías que endulzaban los días de mi loca
existencia. Hoy que camino en soledad, cuánto
extraño las suaves palabras de tus ojos. Hoy
vengo a pedirte me perdones para curar tu
herida y reparar mi error. Pero me dices que
ya tienes otro amor, aun así, quiero me
perdones para sacar de mi corazón
las garras de este dolor; no
quiero seguir
cargando
las pesadas cadenas de mi craso error.

TE FUISTE, AMIGO

Ayer
como muchas
otras tardes estuvimos
charlando en el parque, me
contaste de lo mucho que te
divertías cada vez que tus nietos
venían a visitarte; hablamos de lo
bueno y lo malo del gobierno, de lo
mucho que han cambiado los tiempos;
hablamos de tu nuevo sueño y como
siempre disfrutamos el canto de los
arreboles despidiendo la tarde. Y, sin
embargo, hoy estoy aquí frente a tu
féretro sin que puedas escuchar
el arrebato de música que tienen
los canarios en los árboles del
parque; sin que puedas
saborear el juego entretenido
que tienen las
golondrinas con la fresca brisa de la tarde.

HOLA, MADROÑO

Hola,
madroño,
¿por qué esa
mirada tan triste, ya
no sonríes ni quieres hablar?,
dime qué te han hecho, árbol
de rica fragancia. «Mi pueblo y
yo estamos viviendo días espantosos,
días en que los ojos verdes de la aurora
amanecen tristes y llorosos; son días aciagos,
en los que dos almas enfermas de odio y
poder, no dejan florecer las gardenias en
las calles de mi patria; el poder se
ensaña contra la paz de la gente, cada
día aparecen más presos y muertos.
Sin embargo, la rosa amarilla
germina sutil y callada,
entre los resquicios
azules y
resilientes de la brumosa madrugada».

EL COFRE DE CENIZAS

Ese
cofre de
cenizas que
guardas con tanto
esmero en una habitación de
tu casa son las cenizas de aquel
que siempre amaste y siempre te amó;
aquel que puso en las aguas del río la
cadencia alegre que les dio sentido a los
versos de tu canto; las cenizas de aquel
que en momentos de angustia y dolor
supo consolarte, aquel que no te dejó
sufrir sola, el que siempre tuvo una
sonrisa para ti a cualquier hora.
Guárdalas bajo tierra y siembra
sobre ellas un árbol, para
que escuches su gorjeo
de amor cuando
sus frutas estén a punto para disfrutar.

CUANDO EN EL CAMINO

Cuando
en el camino
te encuentres con
las infaltables garras de
la tristeza, con los inoportunos
garfios del dolor, no te acongojes;
ellos también hacen parte de la fiesta.
Resístelos con resiliencia y piensa que
ellos como casi todo con el tiempo también
pasarán. Cuando en el camino te topes con
la despampanante risa de la alegría, abrázala
fuerte, deja que ella se revuelque jubilosa en
cada gota del río; luego revisa tu poema, el
poema de colores donde navegan las
banderas de tus sueños, porque ese
poema te dirá que la vida tiene dos
grandes vivencias: una a veces
dolorosa y triste y otra siempre
alegre, pero ambas
hacen parte de tu única y bella existencia.

HOLA, ARAGUANEY

Hola,
araguaney,
¿por qué sigues
tan triste, se te ha
olvidado sonreír?... «Sigo
triste porque le han robado la
alegría a mi gente, esta no es la
tierra donde yo nací; ¿dónde están el
comercio, su industria, aquellos arroyos
de vida corriendo por sus calles?, ¿dónde
están sus colegios y universidades llenas
estudiantes?; sus clínicas y hospitales se
quejan enfermas de abandono, el óxido
las corroe y se derrumban a pedazos
de tarde en tarde. La ciudad es un
fantasma sin vida y sin alma,
hoy parece un cadáver
ambulante; por
favor, que
me devuelvan mi patria alegre y pujante».

EL HOMBRE NACE SANO

Hola,
mar, amigo
mar, ¿cómo te
va? Dime una cosa,
¿por qué un ser humano,
óyelo bien, humano, dedica
su vida a delinquir y hasta se
organiza como una empresa para
hacer daño a sus semejantes? Se jactan
y gozan asesinando con crueldad, trafican
sustancias letales, secuestran, extorsionan
y torturan sin sentir un pedacito de culpa,
¿qué le pasa a esa gente?... «Tienen el
alma podrida de odios y resentimientos
infernales, los agujeros negros de la
sociedad arrastraron su corazón
al fango de la irracionalidad,
su alma es una víctima que
se debate entre las
llamas
de las almas derrotadas y sin libertad».

LOS MIGRANTES

Salen
de su casa
dejando atrás la
tierra donde nacieron,
la tierra que guarda entre
sus calles las huellas de una
infancia bulliciosa llena de travesuras
naturales; salen porque hoy es oscuro
el color del horizonte, son muchos los
nubarrones y abismos que muestra el
camino. Lo dejan todo: el amor de los
padres y el cálido abrazo de viejas
amistades, salen con sus hijos a
desafiar la pobreza y huir de la
violencia que les daña la vida,
en la mochila llevan sus
sueños y el corazón
compungido,
dispuestos a
construir entre pedregales un mejor destino.

ESAS TEMPESTADES

Esas
tempestades
que como trampas
el azar va poniendo de
vez en cuando en el sendero
son tus profesoras; las que te
enseñan que siempre es necesario
tener un segundo plan para el camino,
son las que desafían a tu guitarra para que
entienda que debe estar preparada para
interpretar cualquier partitura inesperada,
son las que te enseñan que por más
barreras que encuentres en tu senda,
tu barca debe estar dispuesta a
navegar mareas altas y aguas
calmadas; a navegar en
medio de duros
inviernos y primaveras dulces y soleadas.

HOY QUE REGRESAS

El mundo
que construimos
a fuerza de sacrificios
y mucha paciencia marchaba
jubiloso en medio de primaveras,
fríos inviernos y noches veraniegas; los
versos que cantaban a la orilla del río bajaban
de la colina tomados de la mano como un par
de turpiales enamorados. Habíamos encontrado
la sencilla fórmula para detener el tiempo; pero
un día sin razón ni motivo te marchaste, a mi
solitario corazón le tocó padecer callado y
triste todas las vicisitudes de aquel cruel
naufragio inesperado. Hoy que regresas,
ya se fueron las afugias de aquella
fuerte tragedia que lo dejó
malherido; hoy que regresas
con las alas rotas
ya estoy
construyendo pacientemente otro nido.

LOS TIRANOS

Con
el alma
carcomida por
el odio se visten de
blancas ovejas para alcanzar
el poder, luego sacan las garras,
pisotean la democracia, la libertad
y los derechos de la gente; recorren por
las noches las calles, asaltan residencias,
desaparecen a los que no miran bien sus
injusticias y torturan con sadismo a los que
no callan ante tantas arbitrariedades. El terror
tiene miedo de que el pueblo salga a la calle
a denunciar que el tirano por las noches
asesina a sus hermanos; el terror tiene
miedo de que la gente salga a la calle
a gritar que el tirano, igual que un
vampiro inclemente,
alimenta su alma
enferma con la sangre de la gente inocente.

SER POETA

Sentado
en esta roca
disfrutando las
delicias de la brisa
caribeña, mi gran amigo
se acerca y me dice: «Hoy quien
pregunta soy yo, dime, ¿qué es ser
un poeta?». Un poeta es un luchador que
sueña con sus hermanos hacer del mundo
el gran edén, un luchador que sueña ver a la
rosa amarilla gorjear complacida en el alma de
la gente, un luchador que quiere ver la alegría
sonriente corriendo por calles y puentes. Un
luchador que tiene fe en que el hambre y
las guerras un día no lejano serán
erradicadas para siempre, un luchador
que lleva en su corazón un nido
de silencios, silencios que
va drenando poco a
poco y luego
caen sobre el papel en forma de versos.

ESE BARCO

Ese barco
abandonado en
la bahía, bamboleado
suavemente por las olas y
la brisa de la tarde, luce cansado,
sin fuerzas, pero regocijado por toda
la vitalidad que derrochó a mar abierto y
haber conseguido llegar a tantos puertos.
Cuánta experiencia y sabiduría acumula
de babor a estribor; cuántas tormentas
superadas, cuántos sueños cumplidos.
Y aunque hoy luce muy cansado, vive
y disfruta su pasado pujante cuando
era el gran león de los océanos,
desafiando borrascas y
vendavales, y airoso
llegaba sudado y
sonriente al corazón de auroras boreales.

¿DÓNDE ESTÁS?

Soy el
caminante
que te buscó
mañana y tarde,
a veces he creído
encontrarte, pero luego
la flor cambia de color o pierde
el aroma que la hacía fascinante.
Te he soñado luchando hombro a hombro
por nuestros sueños, endulzando el camino
con la embriagante melodía de tus miradas;
le pregunto a las trinitarias en la calle cuál
será ese día que por fin te conozca, ese
día que por fin pueda apretar tu mano,
darte un abrazo y decirte que valió
la pena esperarte tanto, decirte
que te amo con el corazón en
las manos; con el alma
brincando
alegre de júbilo por haberte encontrado.

EL ÚNICO CAMINO

Hola,
mar, mar
Caribe, el día
que no me vuelvas
a ver sentado en esta
roca, ¿me vas a extrañar?
«Claro que sí, y mis olas andarán
tristes algunos días, me hará mucha
falta tu conversación porque tenemos
preocupaciones en común, comparto tus
sueños y sabes también que tus silencios
son mis silencios. Pero no te debes ir
preocupado, la orquesta poco a poco
tendrá una mejor convivencia, el alma
del hombre seguirá evolucionando
hacia un nivel más alto, hasta
comprender en toda su
inmensidad que el único
camino hacia la
poesía azul
que cantan las camelias es la fraternidad».

NO PIERDAS LA CALMA

Cae
lentamente el
sol en el horizonte
de mi pueblo, aparecen los
arreboles y el ocaso entristece,
los pájaros en bandadas buscan
la fronda de los árboles para pasar la
noche y protegerse de cualquier borrasca
impertinente; yo sigo pensando: ¿qué será de
mi barca en el mañana, qué será de los
anhelos del río al internarse entre la maraña
de selvas y cardonales? Solo sé que contra
viento y marea tengo que seguir tejiendo
la mejor cadencia para mi balada, contra
viento y marea tengo que continuar con
mi barca en este mar revuelto, aferrado
a la rosa amarilla que me dice: «No
pierdas la calma, lucha duro y sin
pausa para que un día te
te encuentres con el
sosegado gorjeo
de los colibríes besándose con las astromelias».

QUIÉN PARTE PRIMERO

Cuánto
quisiera que
por esas cosas del
azar partiéramos el mismo
día, para que ni tú ni yo sufriéramos
la partida del otro. Sería ideal, pero a
estas alturas de la fiesta nada importa
quién se va primero; tú sabes que si yo
muero no debes llorar, estarás tranquila,
porque yo me voy contento con la vida;
siempre te amaré, siempre me amaste;
ahí le dejo al mundo el aroma dulce de
la rosa del caminante. Si tú mueres
primero estaré triste muchos días,
pero luego seguiré alimentando
la partitura de mi canción con
las notas alegres que por
las tardes gorjean las
clavellinas, para hacerle honor
a toda esa
felicidad que llovió sobre nuestras vidas.

MURIÓ EL POETA

Murió
el poeta,
el caminante
descalzo y callado
que luchó paso a paso
cada verso de su existencia,
el que construyó sus sueños con
el sudor que arrancó a cada fibra de
sus fuerzas; el que padeció las tristezas
y disfrutó las alegrías de su pueblo. Murió
el poeta, el que dedicó su existencia a gritar
al mundo el palpitar de cada uno de sus
silencios; el que sembró una gota de luz
en el corazón de sus compañeros de
fiesta, el que predicó los frutos de la
rosa que festeja la existencia, la
rosa de la verdad; la rosa que
muestra al mundo
el único camino que lleva a la felicidad.

LAS FLORES DE MAMÁ

Hola,
bromelias,
dalias, camelias,
despierten ya de esa
tristeza que les marchita el
aroma que sale de sus entrañas
despiertas, retomen la placentera senda de
las libélulas que viven enamoradas de la fiesta.
Mi madre les pidió que cuando ella partiera
siguieran bañando de alegría las mañanas
de este lindo pueblo, tenían que seguir de
buena actitud para enfrentar el rigor de
ardientes veranos y fuertes inviernos.
Dejen esa nostalgia y disfruten esos
besos que la lluvia les regala, el
agua que día tras día yo les
brindo con mucho amor,
con el mismo gran
amor
con que mi madre siempre las cuidaba.

DEPRESIÓN

Cuando
en el camino,
ese monstruo de
mil cabezas te diga que
la vida es una carga muy
pesada, que cualquier camino
que elijas estás perdido en medio de
la encrucijada, que no vale la pena luchar
por un anhelo, que cada vez que el sol
asome te debatirás contra las falsas fuerzas
de un triste limbo, que te rindas y te vayas al
abismo. Cierra tus ojos y escucha el tenue
susurro de la rosa que llevas en lo en lo más
profundo de tu alma: te grita que no hay ni
habrá aventura más bella en el mundo
que las peripecias que a diario la vida
te regala, que no hay ni habrá disfrute
mayor que después de enfrentar
estepas y desiertos, sentir en tu
piel las dulces vibraciones
de ver germinar poco a poco un sueño.

¿QUÉ ES EL ÉXITO?

La tarde
estaba radiante,
la brisa cantaba alegre
en el follaje de las palmeras y
las gaviotas jugaban y competían
haciendo malabares con el viento; en
medio de ese paisaje le pregunté a mi
amigo: «¿Qué es el éxito?»... «Cuando tú te
despiertas y sientes que la luz del sol te
sonríe en el horizonte, que las trinitarias
en la calle te aplauden, que los amigos
te saludan y te abrazan, que la música
de la gran orquesta te acompaña a
todas partes, que por la noche en
casa sientes en el pecho el goce
de haber acariciado los frutos
de un nuevo sueño, esas
son las olas del éxito
que recorren
tu piel para colorear de placer el tiempo».

LA UNIVERSIDAD

Llegamos
a la universidad
cargados de juventud
y muchas ganas, en busca
de mejores luces para el camino,
dispuestos a explorar el mundo y
encontrar las herramientas que nos
permitieran navegar seguro en medio de
mareas y luna clara. Vivimos días agitados
y emocionantes por las ideas políticas de
aquellos tiempos, compartimos en épocas
de exámenes incómodos momentos; pero
también disfrutamos de aquella amistad
que nació y creció en medio de códigos
y teorías sobre derechos humanos.
Amistad que perdura y madura
con los años, amistad que
después de tanto tiempo
nos
ha convertido en un grupo de hermanos.

TUS MIEDOS

Decía
mi madre
que la peor
diligencia es la
que no se hace. Que
tus miedos no paralicen
la corriente del río que a campo
abierto timoneas en busca del plácido y
sosegado canto de los arreboles embelesados.
Tu existencia es una maravillosa aventura, en
la que debes arriesgar cualquier fracaso en
aras de las lindas carcajadas de un sueño;
el éxito sonríe después de varios intentos,
los luceros azules que cantan alegres
entre las redes de tu saxo están
dispuestos por encima de
cualquier tropiezo
a gozarse
este bello fandango al borde de cada verso.

PIENSO EN LA MUERTE

Cuando
pienso en la
muerte, más me
enamoro de la vida, más
amo a mis semejantes y más
disfruto el abrazo de mis amigos,
de mis amigas. Cuando pienso en la
muerte, más detesto la vil carnicería
humana de las malditas guerras, más
lástima siento por aquellos corazones
enfermos de odio, rencores y soberbias
vergonzantes. Cuando pienso en la
muerte, más enamorado estoy de
esta lucha diaria por mis sueños,
más amo la libertad y el canto
acompasado del alba, más me
enamoro de la fragancia
plácida de esta rosa
que brilla
espléndida cada día más en mi alma.

MIS SUEÑOS

Cuando
la sonrisa
del sol y el canto
cadencioso de las mirlas
entran por mi ventana, en la
mañana se siente el arrullo de las
manos tiernas de la floresta, y empieza
el día con luceros azules que forcejean con
la bruma del paisaje tratando de abrir puertas,
comienzo el día dispuesto para la lucha diaria
de la fiesta; y no importa si tropiezo con muros,
pantanos o barrancos porque mis sueños no
quitan sus ojos de las libélulas que musitan
en las ramas de las bongas, mis sueños
no quitan la vista de la embriagante
poesía que cantan
de
mañana y tarde las románticas alondras.

SER NIÑO

Mi
infancia
transcurrió por
calles de arena tras
una pelota de futbol,
jugando a las canicas y a
la libertad entre niños, disfrutando
la brisa de apacibles veranos y la lluvia
de exuberantes inviernos. Para entonces
no existía el tiempo, para entonces apenas
comenzaba la fiesta; no se necesitaba nada
para tocar el cielo con las manos jugando a las
canicas con amigos en tardes iridiscentes.
No dejes que te arrebaten ese niño, no
dejes que te impongan falsos juguetes
para alcanzar los aplausos de la
gente, no dejes que te
cambien el suave rumor de
la luna
por falsas luces y cantos de serpientes.

AVES INOCENTES

Por las
mañanas
cuando la mirada
del sol asoma desde
oriente, empiezan a despertar
de entre los robles y los almendros
los azulejos, las mirlas y los pericos
verdes. El día comienza con una fanfarria
silvestre, notas que conectan a mi alma con
las vibraciones de un universo candente. En
la tarde regresan los pájaros a dormir y los
árboles los esperan con los brazos abiertos,
llegan con su fanfarria y contentos. Yo los
observo y pienso: cuánta felicidad la
que derrochan esas aves silvestres,
no saben de maldad ni saben
que existe la muerte.
Cuánto más disfrutarían
si supieran
que un día de estos se irán para siempre.

MIS CANAS

A los
cincuenta
comenzaron
a florecer en mi
cabello su majestad
las canas; hoy a los
setenta mi amigo el mar
se acerca a la playa y me dice:
«Felicitaciones, has ingresado a la
élite de los privilegiados con la sabiduría
que la experiencia acumula en tu mente. Es
el momento para que hagas un balance de
tus muchos triunfos y derrotas superadas,
es el momento para recoger los frutos de
todo lo que sembraste en el sendero, es
el momento para indicar a los jóvenes
dónde encontrar el camino hacia
la poesía que canta el tulipán,
el camino que festeja la
vida,
el embriagante sendero de la felicidad».

LA VERDAD

Muchas
veces, perdidos
en la espesura de la
selva de nuestras diarias
preocupaciones, no encontramos
la flor que entre la manigua se abre
paso para regalarnos su aroma, el aroma
que calma la ansiedad de la aurora. Así pasa
con la verdad, nos pasamos la mayor parte de
la existencia buscando entre los vericuetos
del mundo sin saber hacia dónde dirigir
nuestros pasos, sin saber dónde hallar el
agua que sacie la sed de nuestro saxo.
Después de probar falsos triunfos
y lisonjeros goces de paso, nos
damos cuenta de que la
verdad está en la
rosa que
perfuma de alegría todos nuestros pasos.

EL NIÑO GUAJIRO

Llega
al mundo
con un morral
de insatisfacciones
en su espalda, llega en
medio de la desnudez tribal
a conquistar un mundo hostil a sus
necesidades básicas, pero con los
suficientes callos en el alma para soportar
la discriminación y el hambre legendarias.
Nació en medio de agujeros negros que
quieren tragarse impunemente la fuerza
de sus sueños; pero su flauta lo mira y le
dice que en la escuela se puede matar
la ignorancia, que debe soñar y luchar
para hallar el camino que lo lleve
al dulce puerto donde campea
la libertad, que lo lleve
al campo donde
las gaviotas vuelan alto cada día más.

EL SUEÑO AMERICANO

Amanece
y la luz del sol es
gris, el mismo gris con
el que siempre se van por
la noche a la cama. No hay
estrellas que iluminen su horizonte,
es el mismo horizonte tenebroso con
el que siempre se despiertan. No queda
más que huir, huyen del hambre, de la
criminal violencia de un mundo oscuro
que les cierra todas las puertas. Son los
migrantes de América, que desfilan
cada día con sus niños y su última
esperanza a cuesta. Atraviesan el
Darién, un paso tormentoso
donde se juegan la vida en
un azar, donde solo el
que huye de la
esclavitud y ama la vida se atreve a cruzar.

EL RÍO ES FELIZ ASÍ

Cuando
nace no sabe
que nace, en el camino
se da cuenta de que existe y
entonces se pregunta qué hago
corriendo en medio de este maremoto
de raros acontecimientos; donde está el
faro que le indique a mis aguas el norte, el
norte donde el gorjeo tierno de la noche se
embriaga con los besos frescos de los robles.
Y continúa con sus cavilaciones entre retos
y preocupaciones, va por el hostil sendero
esquivando cantiles y despeñaderos,
haciendo nuevos intentos para hallar
el dejo de la poesía que cantan las
ceibas con su natural frenesí;
va por su senda luchando
por sus luceros y
cosechando esperanzas, el río es feliz así.

ME GUSTA

Me gusta
la dulzura de tu
piel cuando descansa
junto a mi piel, me place el
vértigo que me producen tus ojos
cuando me hablan de amor, amo la
gracia de tu cuerpo al caminar y la paz
que le das a mi sed cuando tus besos me
abrazan de par en par. Antes de conocerte
me soñaba con tu sonrisa regando como la
lluvia fresca cada verso de mi canción
desesperada, hoy que tengo el susurro
embriagante de tus miradas siento
en todo mi cuerpo el arrullo suave
de la aurora, hoy que tengo tus
besos siento que en mi
pecho han vuelto las
golondrinas a
jugar
con el apacible rumor de las campánulas.

MI PADRE

Mi
padre, un
humilde campesino
que para la Navidad me
hacía juguetes de madera,
caballos de palo, carritos con
ruedas de ceiba y me invitaba a
jugar con pelotas hechas de trapo, no
sabía decir con palabras los sentimientos
que guardaba en su alma. Muchos años
después me enteré de que hubo días en que
la comida para él no alcanzaba. Cuando
a chancletazos me castigaba, me decía
con mucha fuerza que «los hombres
no lloran» y, aunque jamás me dio
un beso, ni me dijo que me amaba,
este corazón que palpita por él
aquí en mi pecho no tiene
duda de que
por el
amor a sus hijos la vida se la jugaba.

EL CAMINANTE

El
caminante
a veces se sienta
a un lado de su canción
para mirar hacia atrás: cuánto
sudor derramado en el camino,
cuántas piedras apartadas y cuántos
sueños florecidos. El caminante a veces
se sienta a un lado de su canción para
mirar hacia delante y ordenar los luceros
que le dan luz al sendero; el caminante
sabe que aunque a su barca muchas
veces le ha tocado navegar sobre
pantanos y desiertos, jamás ha
perdido de vista el faro que
le señala el mejor puerto,
el puerto donde
los gladiolos festejan la vida contentos.

EL DÍA FINAL

Sabemos
que un día de
estos partiremos sin
remedio al abismo sideral,
sabemos que un día de estos
dejaremos todo lo que hoy nos
hace feliz: los abrazos de la familia,
de los amigos, de las amigas, la música,
el sutil rumor de la brisa y las suaves
caricias de nuestra primera dama. Tener
conciencia de todo lo que no tendré
nunca más, me hacen disfrutarlas
cada día con gran intensidad, me
hacen enamorarme locamente
de la vida cada día más; para
cuando llegue ese día, el
día final, marcharme
feliz de haber
vivido
de buena fe conmigo y con los demás.

TARDE FRÍA

Esta
tarde fría,
tarde bogotana,
sin sol y la oscura
niebla tragándose lentamente
los cerros, cerros empinados como
en busca de una estrella lejana. La
gente camina rápido embutida en sus
chalecos negros, no conversan, imagino
que van en busca de un refugio que le dé
algo de calor a su piel de porcelana. Yo
entristezco, no puedo caminar rápido,
siento nostalgia de las tardes de mi
pueblo, mis ojos se humedecen
y añoro el mar con sus olas
tirándose en la playa,
añoro los arreboles
cantando su canción
cuando
la tarde se va lentamente en retirada.

MIS VERSOS

Mis
versos
nacieron como
el árbol de roble por
entre las grietas del
duro pavimento, y al igual que
los árboles nacieron con una misión:
para limpiar el planeta de sentimientos
tóxicos, el monóxido de odio y el dióxido
de rencor. Mis versos nacieron para llenar
la tierra con el oxígeno azul de la rosa
blanca; mis versos nacieron del vientre de
mis silencios para limpiar las venas del
mundo de egoísmos y vanidades,
para sanar el alma de la gente
y llenar su corazón con
la alegría
que musitan al amanecer los tulipanes.

EL CANTO DE LA MIRLA

Ese
canto que
la mirla derrama
sobre la ciudad cuando
la tarde se marcha tiene un
dejo gris que me recorre descalzo
y lentamente cada cascada del alma.
Ese canto profundo con olor a nostalgia
le trae a mi piel viejos recuerdos de
infancia, y me siento de nuevo allá en el
monte viviendo en aquella casita de
barro y palma, lejos del mundo, pero
con la fe intacta y buscando escribir
la partitura de mi jazz con notas
limpias y de dulce fragancia;
a sabiendas de que el
sendero estaba
plagado de
hostiles cantiles y espinas en abundancia.

MI SOLEDAD

Paseando
por el parque
me encontré con la
que alguna vez fue mi soledad,
aquella que en algún tiempo intentó
quedarse a vivir como una extraña entre
las cobijas de mis versos. La vi ojerosa y
flaca, en su rostro se notaban las implacables
huellas de no tener dónde arrimarse para
enterrar sus malolientes garras. La saludé
y me dijo que desde aquel lejano día en
que la rosa amarilla la expulsó de mi
alma ella entendió que jamás volvería
a tener tranquilidad ni calma, desde
ese día se marchó sin rumbo, sin
esperanza y temblando
de ansiedad; envuelta
en las
calcinantes llamas de su propia soledad.

LOS DESAPARECIDOS

Escondidos
en las tinieblas
de la noche y armados
de fusiles y máscaras negras,
derribaron la puerta y penetraron
en la casa de José Pueblo, a punta
de culatas y trompadas se lo llevan en
medio de gritos y lágrimas. En la celda
diabólica lo desnudan, le cubren la cara
con una bolsa plástica, le sacan las uñas
y lo asesinan a golpes y castigos sádicos;
son los esbirros del régimen, un régimen
que se alimenta de sangre inocente y
tortura desenfrenada. De José no se
supo jamás en la ciudad, tampoco
de los que se llevan cada noche
en medio de la oscuridad, son
los máscaras negras, las
máscaras que
ocultan las caras de la cobardía y la maldad.

EL MURO

Existió
una vez un muro,
el triste muro de la
vergüenza que como una
cobarde puñalada a la historia
y el normal devenir de los pueblos,
hirió de muerte el corazón de Alemania
y el de cinco continentes. El Muro de Berlín,
el que asesinó ríos de sueños y toneladas de
esperanzas; un muro hecho de odio puro, odio
de veinticuatro quilates extraído de las más
tenebrosas y oscuras canteras de la
irracionalidad. Del lado este yacían
cadavéricas la esclavitud del hambre y
la tiranía desalmada; del lado oeste
florecían radiantes la democracia
y la libertad. Un nueve de
noviembre murió abatido el
muro por las
fuertes e imparables fuerzas de la fraternidad.

EL AROMA DE LA ROSA

Cuando
el aroma
embriagante de
la rosa amarilla vive
en cada rincón de tu alma,
las fuerzas del universo se
alinean para alfombrar el camino
con el sosegado canto de la aurora
en la playa. Entonces tu guitarra mira
el diario trajinar de tu existencia como
una apoteósica fiesta, y las espinas de
tu senda son simples nubes viajeras
que se pierden con el primer viento
de la resiliencia. Entonces cada
amanecer es como volver a
nacer de entre las cenizas
de la zarza, con
el corazón repleto de recias esperanzas.

NO PIERDAS LA SENDA

Que tu
canción no se
estanque porque el
virus del egoísmo gangrena
las alas de tu alma, que la cadencia
de tu poema no se muera porque el cáncer
del odio y el rencor invaden las fuerzas de tu
corazón; que el río no se detenga con las
primeras piedras que encuentra al bajar la
cuesta, y aunque tu barca tenga que navegar
en medio de la manigua, cantiles y rocas
opuestas, jamás pierdas la senda que
te señala la luz azul de la rosa, la
senda que te lleva al éxtasis donde
la poesía descalza se besa
apasionada con el
tierno
revoloteo de las gaviotas cuando danzan.

HOY

Hoy
el mundo
con sus trompetas
al viento me grita que llene
hasta desbordar las bolsas de mi
codicia rancia, sin importar cuántos
sueños ajenos queden sangrando a un
lado de la marcha. Hoy el mundo con sus
trompetas al viento me grita que el dinero
es lo más importante, pero yo, el caminante
descalzo y callado, sigo adelante dando y
recibiendo abrazos de mis amigas, de mis
amigos, de mi familia; disfrutando las
delicias que se sienten al amanecer
en medio de un concierto de pájaros,
disfrutando las delicias que se
sienten al atardecer viendo
a mi hija correr
en libertad disfrutando los juegos del parque.

EL DESTERRADO

Porque
salí a la calle
a gritar que ese
par de tiranos están
encarcelando, torturando
y asesinando a mis hermanos;
porque salí a la calle a gritar que
mi pueblo se muere de hambre sin
trabajo, sin servicios y sin hospitales; el
régimen me mandó secuestrar, torturar
y a desterrarme. Pero lo que el par de
tiranos no sabe es que seguiré gritando
a donde vaya, porque el sufrimiento
de mi pueblo vive hirviendo en las
entrañas de mi alma, y siempre
después de
la turbulencia el mar recupera la calma.

EL FRACASO

Amiga,
no te aflijas,
no pienses que
eres la única persona
a quien no le sale bien un
emprendimiento, no pienses que
porque te equivocaste es que no eres
capaz de sacar adelante el negocio que
ideaste. Ni eres incapaz ni la primera que
se equivoca, los que hoy ante el mundo
ríen triunfantes es porque se equivocaron
varias veces, pero siguieron adelante.
Para ver sonreír un sueño hay que
superar huracanes desafiantes,
porque el fracaso es un
paso hacia
el éxito de las personas perseverantes.

MI HIJA Y LA MIRLA

Llevé a
mi hija al
parque para
verla jugar subiendo
y bajando escaleras, correr
tras las mariposas, tirarse del
tobogán, mecerla en los columpios
y disfrutar su felicidad. Pero hoy se
detuvo viendo una mirla en el césped,
corrió tras ella queriéndola atrapar, y
después de varios intentos viene y
me pregunta por qué el ave no se
deja agarrar; yo le digo que la
mirla no quiere perder su
libertad, igual que los seres
humanos, que no nos
gusta que nadie
nos amarre
las alas, que nadie toque nuestra libertad.

NO PARES

No
pares de
mejorar cada
día la melodía de
tu canción, siempre debes
afinar tu guitarra con nuevos
conocimientos que le den a tu barca
más fuerzas para navegar; tu verso
de mañana debe ser mejor que el de hoy,
pero sobre todo nunca te olvides de la
rosa que gorjea plácida en tu pecho
para que depures los sentimientos
de tu corazón, para que tus
sueños florezcan al compas
del dulce murmullo que
musitan las dalias
cuando la
madrugada aparece sonreída en la playa.

EL TIEMPO

En mi
niñez jamás
apareciste siquiera
para saludarme, nadie
me habló de ti; en mi loca
adolescencia fui yo quien te
buscó queriendo ser mayor, todo
el mundo me mandaba: ve a bañarte,
ve a lavar los platos, ve a estudiar. En mi
juventud era yo quien controlaba todo, salía
con mis amigos, con mi novia, no cesaba de
soñar. Cuando llegó la madurez nos vimos
frente a frente: ¿qué he hecho con mi vida hasta
hoy, cómo van mis sueños, para dónde voy?
Y tú seguiste ahí sin decir nada, hasta que
asomó calladita la vejez y despertó mi saxo,
sin poder decirle «¿a ti quién te llamó?». Es
el tiempo que no duerme, es el tiempo
que te dice no pierdas el tiempo en
cosas que dañen a los demás, para
que al final te despidas del
mundo frente en alto y
envuelto en el
susurro que cantan los alelíes al despertar.

EL MUNDO ESTÁ ROTO

Me
pregunto
para qué un
dictador invade el
territorio de un país vecino,
para qué un dictador encarcela,
tortura, desaparece y asesina a sus
hermanos, me pregunto hasta cuándo
vamos a tener que ver las guerras entre
naciones, hasta cuándo vamos a tener
que ver niños y ancianos muriendo de
hambre en las calles; y solo alcanzo
a recordar a Hercilia, una loca que
apareció en mi pueblo y desde
el primer día que llegó hasta
cuando se fue, su lema
fue: «Amigo, el mundo
está roto, este mundo está roto, amigo».

PALABRAS A MI HIJA

EN SUS QUINCE AÑOS

Me
parece
que fue ayer
cuando te vi nacer
tierna e indefensa, y se
estremecieron todas las
placas tectónicas de mi alma,
todo pareció un milagro. Disfruté
tu primera sonrisa, tus primeros pasos,
tus primeras palabras y la primera vez que
comiste en un plato. Hoy estás cumpliendo
quince años, te creciste, mi amor, y muy pronto
tendrás que navegar con tu propia barca en
medio de un mar de aguas tranquilas pero
también de borrascas. He cultivado en
tu corazón la rosa amarilla del amor
para que guíe la lucha por tus
sueños, para que no tropieces
con las piedras que no
faltarán en tu senda,
y si tropiezas
para que te ayude a levantar con más fuerza.

GÓZATE EL SENDERO

Gózate
el sendero, tú
no sabes cuándo
va a terminar; y si logras
llegar hasta el final habrás
disfrutado verso a verso las tibias
aguas del río antes de perderse en el
mar, el mar donde naufragan vanidades,
soberbias y arrogancias. Para gozarte el
sendero, solo tienes que soñar, soñar y luchar
para ver la luz azul de tus luceros al eclosionar,
no importan los sacrificios ni cuánto tengas que
sudar, porque trabajar por un sueño es estar
vivo, y mientras estés vivo hay esperanza, si
hay esperanza de la vida te vas a enamorar,
y el que vive enamorado de la vida disfruta
cada día la poesía que llega con los rayos
del sol y el acompasado canto de la
primavera; el que vive de la vida
enamorado sabe a qué sabe
el suave gorjeo de las
gardenias
en mañanas de invierno y tardes de verano.

Índice